Los animales viven aquí

La vida en el bosque

por Connor Stratton

nivel 2
little blue readers
en español

www.littlebluehousebooks.com

Traducción: © 2023 por Little Blue House
Título original: Life in the Forest
Texto: © 2023 por Little Blue House
Traducción: Annette Granat

La serie Little Blue House es distribuida por North Star Editions.
sales@northstareditions.com | 888-417-0195

Este libro ha sido producido para Little Blue House por Red Line Editorial.

Fotografías ©: Imágenes de Shutterstock: portada, 7 (imagen superior), 7 (imagen inferior), 9, 11 (imagen superior), 11 (imagen inferior), 17, 21, 23, 24 (esquina inferior izquierda), 24 (esquina inferior derecha); imágenes de iStock: 4, 12, 15, 18, 24 (esquina superior izquierda), 24 (esquina superior derecha)

Library of Congress Control Number: 2022912221

ISBN
978-1-64619-692-0 (tapa dura)
978-1-64619-724-8 (tapa blanda)
978-1-64619-786-6 (libro electrónico en PDF)
978-1-64619-756-9 (libro electrónico alojado)

Impreso en los Estados Unidos de América
Mankato, MN
012023

Sobre el autor

Connor Stratton disfruta explorar nuevos lugares, detectar nuevos animales y escribir libros para niños. Él vive en Minnesota.

Tabla de contenido

árbol

Animales del bosque

El bosque tiene muchos árboles.
Muchos animales diferentes
viven en el bosque.

Los zorros y los lobos viven en el bosque.

Sus cuerpos están cubiertos de pelo.

Ambos animales cazan para alimentarse.

zorro

lobo

Muchos tipos de pájaros viven en el bosque.
El pájaro carpintero tiene un pico fuerte y afilado.
El pájaro carpintero usa su pico para hacer agujeros en los árboles.

pico
pájaro carpintero

Las águilas y los búhos también viven en el bosque.
Las águilas tienen alas anchas, y los búhos tienen la cabeza grande.

águila

búho

OSO

Animales grandes

Los osos son animales grandes que tienen un pelaje grueso.

Los osos comen muchos tipos de plantas y animales.

Los alces son animales grandes que tienen astas en la cabeza. Los alces comen plantas, pero no se comen otros animales.

alce

Los pumas son grandes felinos
que viven en el bosque.
Los pumas son
corredores rápidos.
A menudo cazan ciervos, pero
a veces comen animales
más pequeños.

puma

ardilla listada

Animales pequeños

Las ardillas listadas son pequeños animales que viven bajo tierra. Las ardillas listadas comen nueces y semillas.

Los castores son pequeños animales que viven cerca de lagos y ríos.
Ellos mastican madera de los árboles para construir sus casas.

castor

Las liebres son animales pequeños que viven en el bosque.
Las liebres pueden saltar rápidamente de un lugar a otro.

liebre

Glosario

ardilla listada

osos

búho

zorro

Índice